PAQUERETTE,

Ballet-pantomime en 3 actes et 5 tableaux.

DE

MM. THÉOPHILE GAUTIER ET SAINT-LÉON,

Musique de M. BENOIST;

Décorations de MM. DESPLECHINS, CAMBON et THIERRY.

Représenté sur le Théâtre de l'Opéra, le 15 janvier 1851.

PRIX : 1 FRANC.

PARIS.

Mme Ve JONAS,

ÉDITEUR-LIBRAIRE DU THÉATRE DE L'OPÉRA;
PASSAGE DU GRAND-CERF, 52; ET RUE MANDAR, 4.

TRESSE, PALAIS-NATIONAL, GALERIE DE CHARTRES, 2 ET 3.

1851

PAQUERETTE,

Ballet-pantomime en 3 actes et 5 tableaux.

DE

MM. THÉOPHILE GAUTIER ET SAINT-LÉON,

Musique de M. BENOIST;

Décorations de MM. DESPLECHINS, CAMBON et THIERRY.

REPRÉSENTÉ POUR LA PREMIÈRE FOIS
SUR LE THÉATRE DE L'OPÉRA, LE 15 JANVIER 1851.

Paris,

Mme Ve JONAS, LIBRAIRE-ÉDITEUR DE L'OPÉRA,

PASSAGE DU GRAND-CERF, 52.

—

1851

DISTRIBUTION.

Personnages.	Acteurs.
FRANÇOIS.	MM. Saint-Léon.
JOB.	Coralli.
BRIDOUX, maréchal des logis.	Berthier.
TUILFORT.	Adin.
MARTIN.	Lenfant.
LE BAILLY.	Cornet.
UN MILITAIRE.	Dauty.
PAQUERETTE.	Mme Cerrito.
CATHERINE, 1re cantinière.	Mlles Aline.
MARTHE, 2me cantinière.	Lacoste.
MARIE, 3me cantinière.	Lacoste.
DEUX HUISSIERS.	MM. Begbandet.
	Lefèvre.

DANSE.

ACTE PREMIER.

HOMMES DU PEUPLE.

MM. Estienne, Carré, Pluque, Pissurello, Fanget, Darcourt.

FEMMES DU PEUPLE.

Mlles Dehaspe, Motteux, Ameline, Lescar, Mathé, Alvarez, Joly.

LES ÉLÈVES GARÇONS.

MM. Duhamel 1er, Duhamel 2me, Lagrous, Friant, Caron, François 1er, François 2me, Charansonnet, Dieul 2me, Rémond.

JEUNES FILLES.

Mlles Ribon, Salomon, Buisson, Maupérin 1er, Domange, Foltier, Gondard, H. Lefèvre, Nella, Poussin, Cretin 2me, Guimard.

HOMMES.

MM. Cassegrain, Mauperin 1er, Laurent, Giraud, Adèle, Villiers, Hesecart, Kenedelle, Danfeld, Dedieu, Chambret, Férina, Gallois, Lefèvre, Crétin 1er, Heckmanns 2me.

JEUNES FILLES.

Dujardins, Loyer, Lévy, Beffort, Martin, Minne, Jourdan, Carabin, Revotte, Gaugelin, Maria, Jourdain, Simon.

LES QUATRE SAISONS.

L'AUTOMNE.	MIGNARD.
L'HIVER.	LEBAIGLE.
PRINTEMPS.	BOYER.
L'ÉTÉ.	DESCAMPS.
LE TEMPS.	SALVATELLE.

PAS DES SAISONS.

MM. Vandris, Rousseau, Frapart, Savel, Durand, Nathan, Mazillier, Bouvier, Millot, Jeunot, Dieul, Danse, Levavasseur, Besson, Lévy, Heckmanns 1er, Gredelu, Jendron, Sciot, Feugère, Fanzago, Guichard, Herbin, Tassin.

PAS DE QUATRE.

M. SAINT-LÉON; Mmes CERRITO, ROBERT, ÉMAROT.

ACTE DEUXIÈME.

LA CASERNE.

MM. SAINT-LÉON, BERTHIER, CORALLI.

MM. Danty, Pluque, Petit, Fanget, Mazillier, Frapart, Bion.

Mmes CERRITO, ALINE, MATHILDE, LACOSTE.

LE CABARET.

M. SAINT-LÉON; Mme CERRITO.

MM. Levavasseur, Darcourt, Goethals, Mirmont, Vandris, Millot.
Mlles Simon, Loyer, Alvarez, Marin, Jourdain, Mathé, Vibon, Navarre Guimard.

SORCIÈRES.

Mmes Descamps, Boyer, Guimard, Lescar, Brunache, Lebaigle.

Double figure, Frapart.

LE SONGE.

M. SAINT-LÉON; Mmes CERRITO, ROBERT, TAGLIONI, CAROLINE, PIERRON, LEGRAIN, LACOSTE, MARQUET, MATHILDE.

LES CORYPHÉES.

Mlles Rousseau, Nathan, Feugère, Danse, Savel, Bouvier, Jendron, Villiers, Jeunot, Besson, Heckmanns 1re, Guichard, Maupérin 1er, Tassin, Féneux.

SUITE.

Mlles Féréna, Chambret, Dedieu, Kenedelle, Cassegrain, Gaujelin, Lefèvre, Cretin, Hennellert, Heckmanns 2me, Jourdan, Belfort, Adèle, Bachelet, Giraud, Renard, Danfeld, Gallois, Durand, Pajet, Martin, Dujardins, Revotte, Laurent, Carabin.

ACTE TROISIÈME.

ÉTAT-MAJOR.

UN GÉNÉRAL. LENFANT.

OFFICIERS.

MM. Carré, Dauty, Lefèvre, Estienne, Cornet.

CONSPIRATEURS.

MM. Gondoin, chef; Bégrand, Goethals. Les comparses.

PAS HONGROIS.

M. SAINT-LÉON; Mme CERRITO.

MM. Mazilier, Goethals, Herbin, Darcourt.
Mmes Bouvier, Heckmanns 1re, Tassin, Giraud.

MM. Frappart, Dieul, Sciot, Pissurelio.
Mmes Savel, Danse, Feugère, Féneux.

MM. Mirmont, Levavasseur, Fanzago, Durand.
Mmes Nathan, Besson, Jendron, Maupérin 1re.

MM. Vandris, Millot, Gredeleu, Lévy.
Mmes Rousseau, Jeunot, Guichard, Dedieu.

PEUPLE ET SOLDATS.

PAQUERETTE

BALLET-PANTOMIME.

ACTE I.

Le théâtre représente les dernières maisons d'un village du nord de la France où déjà l'influence de la Flandre se fait sentir ; la brique donne une teinte rose aux murailles ; les toits se denticulent en escaliers ; les puits sont festonnés de houblon, cette vigne septentrionale ; les moulins ont au col des fraises de charpente; dans le lointain les clochers élèvent leurs flèches à renflements bizarres ; les arbres se mêlent plus nombreux aux habitations, les haies remplacent les murs et les champs commencent. Un air de gaieté et de repos indique un jour de fête.

Un jeune homme, le beau François, l'air alerte et joyeux, sort d'un humble logis en habit de dimanche pour aller à la fête ; au diable l'ouvrage, il n'est question aujourd'hui que de s'amuser avec les gais compagnons et les jolies fillettes ! Le vieux Martin son père le suit et lui fait des remontrances ; le travail qu'il devait livrer n'est pas terminé encore, le prix aurait servi à payer un créancier impitoyable. — Demain je travaillerai double, car il est dur de pousser le rabot en tablier de cuir lorsque tout le monde se divertit et met ses beaux habits de fête, répond François, peu convaincu par l'homélie paternelle.

Le père Martin n'avait pourtant pas tort ; un nouveau personnage entre, dont la mine ne présage rien de bon ; ses yeux d'oiseau de proie, son nez en bec à corbin, sa bouche en tirelire, ses rides pleines de chiffres annoncent un individu de l'espèce de M. Vautour, un composé d'Harpagon et de Gobseck, un avare et un usurier; en le regardant bien, on lui trouverait un vernis de garde du commerce. Ce casse-noisette de Nuremberg animé, est M. Durfort, le créancier du père Martin. « Ah ça, père Martin, voilà assez longtemps que je patiente, vous allez me payer mon dû, intérêt et principal, sans préjudice des frais de poursuite et autres, avant que le soleil ne soit couché, faute de quoi faire, je vous insère délicatement dans la prison pour dettes jusqu'à payement intégral de la somme. »

L'âpreté de Durfort exaspère François, qui fait des gestes menaçants à l'usurier ; celui-ci lui dirait volontiers en parodiant le mot de Thémistocle. « Frappe, mais paye. » Le père, moins bouillant que le fils, demande un répit pour aller à la ville et tâcher de s'y procurer de l'argent. François, qui est un brave cœur, ôte son habit, ceint le tablier et se met à l'établi, où il rabote et scie de grand courage pour terminer à temps le travail qui peut éviter la prison à son père.

Un coup d'œil jeté par Durfort sur la pauvre maison de Martin lui fait comprendre qu'il ne gagnerait pas grand'chose à pousser les rigueurs jusqu'aux extrémités, et il laisse son débiteur aller tenter fortune à la ville, rassuré d'ailleurs par l'activité avec laquelle François fait filer les copeaux sous sa varlope.

Cependant le village s'éveille et s'anime ; la jolie Paquerette, plus adroite que la Perrette de la fable, arrive portant sur sa tête un pot au lait qu'elle ne laisse pas tomber même en songeant aux contredanses et aux valses que l'orchestre doit exécuter le soir sous la feuillée. Grande est sa surprise en voyant François occupé ; elle s'avance avec une petite mine boudeuse et demande au jeune homme si son ouvrage sera bientôt terminé. François fait un signe de dénégation sans se déranger. — Paquerette, contrariée, dépose son pot au lait et s'approche de l'établi. — J'espère que tu ne vas pas travailler toute la journée. — Si, répond François, toute la journée. — Oh ! le vilain laborieux ! fait Paquerette qui, de même que toutes les femmes, ne comprend pas que l'on travaille lorsqu'elle a envie de se divertir : « Et tu ne danseras pas ? — Non. »

Ce non fait tomber les jolis bras de Paquerette ; François lui paraît l'être le plus fantasque et le plus barbare du monde : refuser de danser un jour de fête, et avec elle encore, c'est un crime irrémissible. Puisqu'il travaille et ne veut pas danser, François ne l'aime plus, — cela est sûr ! Cette logique toute féminine s'appuie dans l'esprit de la jeune fille sur une preuve irrécusable ! Tout préoccupé de sa menuiserie intempestive, François ne l'a pas même embrassée ; plusieurs fois elle a passé près de lui à portée d'un baiser, et il n'y a pas fait attention ; son frais col blanc, sa joue en fleur, ses lèvres roses ont fait des avances inutiles. Hélas ! François, qui pense aux menaces de Durfort et au malheur de son père, n'a guère le cœur à l'amour ; les recors effarouchent Cupidon ! mais une jeune fille ne peut pas admettre qu'on pense à autre chose qu'à elle.

Les villageois sortent de leurs maisons, joyeux, parés, enrubannés, fleuris ; les garçons en beaux habits, les jeunes filles en frais cotillons, la jupe courte, et le bas bien tiré ! Tout cela se mêle et se croise et fourmille confusément avec rire et babil. Mais pourtant les couples ne se perdent pas ; la main dans la main, le bras sur la taille, on reconnaît les amoureux, toujours seuls dans la foule : les mères s'étonnent d'être perdues à chaque instant par leurs filles, et les vieillards, appuyés sur leur canne, s'émerveillent de voir leurs fils frétiller si prestement dans cette cohue.

Bientôt les groupes se distribuent ; chacun s'arrête au jeu ou au spectacle qui lui plaît : le mât de cocagne savonné se rit des efforts des lourds paysans qui veulent y gravir, et balance dérisoirement sur leurs têtes sa couronne de timbales, de montres d'argent et de cervelas ; le disque roule à travers les quilles abattues, la boule court après la boule et ne se dérange pas, lorsqu'à la grande hilarité de l'assistance, elle rencontre les jambes d'un distrait ou d'un imbécile.

C'est le cas de Job Durfort fils de l'usurier, grand dadais efflanqué et ridicule, haut monté sur pattes comme un oiseau de marais, et dont la boule vient d'effleurer les mollets absents. Pendant qu'il frotte sa jambe, il reçoit un ballon en pleine figure ; il se retourne et renverse un jeu de siam, chacun de ses mouvements est une balourdise et une maladresse, il patauge d'accident en accident ; véritable queue rouge, à qui il ne manque que l'habit écarlate, le chapeau de poil de lapin et les papillons au bout du nez. Ce joli garçon, comptant un peu sur les écus du papa Durfort, se trouve adorable et fait pour plaire aux belles ; non content d'être idiot, il est avantageux et galantin ; c'est Jeannot, compliqué de Léandre, heureux assemblage ! avec ses prétentions, il achève en lui la cariture si bien commencée par la nature dans un moment de bonne humeur.

Job porte à la main, non pas un bouquet, mais une botte de fleurs, car il a le don de faire paraître burlesques les choses les plus gracieuses et de rendre ridicules même les roses. Il s'approche de Paquerette en se dandinant et en se rengorgeant. La jeune fille dépitée l'accueille comme toute femme accueille un sot lorsqu'elle veut faire enrager un garçon de cœur et d'esprit, avec un sourire charmant, et accepte son bouquet d'un air ravi, tout en jetant un coup d'œil de côté pour voir l'effet que produit ce manége sur François. Le brave jeune homme rougit, se mord la lèvre et continue à cogner sur ses planches des coups destinés en idée aux épaules de Job. Paquerette a réussi à exciter la jalousie de François ; elle est donc toujours aimée !

Les jeux commencent, les paysans tirent à la cible avec une arbalète, mais les flèches s'égarent loin du but ; aux uns c'est le coup d'œil qui manque, aux autres c'est la main. A peine une flèche ou deux se sont-elles plantées dans le premier cercle : ils sont si maladroits et si balourds, les pauvres garçons ! Job, qui veut tirer aussi, envoie sa flèche à l'opposé du but, à la grande risée de la foule. Ah ! si François voulait se donner la peine d'appuyer l'arbalète à sa joue et de viser deux secondes, comme il enlèverait le prix à la barbe de ces imbéciles ! voilà ce que tout le monde se dit. Paquerette supplie François du regard. Le prix est un beau collier d'or. Le jeune homme pense qu'après tout, tirer un coup dans une cible n'est pas bien long ; il laisse le maillet pour l'arbalète, se pose, vise, lâche la détente et gagne.

On lui remet le collier qui passe aussitôt au col de Paquerette, tout heureuse et toute fière de l'adresse de son amant et de la parure qu'elle porte, plaisir nouveau pour sa simplicité villageoise; elle abandonne sa jolie main à François comme pour lui demander pardon du tourment qu'elle lui a causé, et Job s'étonne de voir tout à coup si distraite et si froide pour lui, celle qui tout à l'heure lui faisait sa plus coquette révérence et son plus frais sourire. Il ramasse piteusement son bouquet oublié et tombé à terre, ne comprenant rien au cœur des femmes.

Au tir de l'arbalète succède le jeu des ciseaux ; ce jeu consiste à couper, les yeux bandés un ruban auquel est suspendue toute une riche toilette de femme. Les jeunes filles, un mouchoir sur le nez, comme les amours dans les dessus-de-porte mythologiques, voltigent et tracent des méandres, les bras tendus en avant, faisant grincer l'acier dans le vide et ne coupant que l'air avec leurs ciseaux. Paquerette qui reçoit le bandeau à son tour et tente l'expérience la dernière, est plus heureuse que ses compagnes, elle rencontre le fil, le tranche et le prix tombe à ses pieds ; le ramasser et l'emporter dans sa maison est pour Paquerette l'affaire d'une minute. Elle fuit à tire d'ailes sur la pointe de ses petits pieds, tant elle est impatiente de se revêtir de sa nouvelle parure. N'oublions pas une gaucherie de Job, qui, en voulant s'exercer aussi au jeu des ciseaux, a coupé au lieu du fil la vénérable queue de monsieur son père.

Pendant que Paquerette s'habille, un cortège débouche sur la place, musique en tête, avec fanfares et acclamations. C'est une procession dans le goût flamand, composée de quatre chars symboliques représentant les quatre Saisons, et ornés d'attributs significatifs, tels que fleurs, épis, pampres et rameaux argentés de givre. Chaque char dépose les personnages dont il est chargé. La foule se range et quatre entrées de ballets figurent les quatre époques de l'année.

On voit d'abord des laboureurs qui s'alignent, et posant le pied sur le fer de leurs bêches, font le geste de creuser et de fouir la terre. Des semeuses, le tablier retroussé par un coin, passent entre leurs rangs, et avec des poses de danse, jettent la graine dans le sillon tracé : c'est le Printemps.

Le grain a germé déjà, les blonds épis élèvent leurs tuyaux d'or entremêlés d'étoiles d'écarlate et d'azur par les coquelicots et les bluets. Les gerbes s'écartent et laissent voir les têtes souriantes et vermeilles des moissonneuses : le blé est mûr, les belles filles se penchent gracieusement, la faucille en main, et les épis tombent en cadence sur le revers du sillon, c'est l'Été.

Les vendangeuses succèdent aux moissonneuses, car la grappe a remplacé l'épi, les hottes se vident, les cuves se remplissent, et le raisin écume sous les trépignements des danseurs : la vendange moderne a des airs de bacchanale antique, c'est l'Automne.

Il y a dans le parc de Versailles, un vieillard grelottant qui se chauffe les mains à un feu de marbre; c'est une flamme réelle et brillante qui pétille dans le brasier, autour duquel se groupent nos frileux illuminés de rouges reflets, et se drapant dans leurs manteaux avec des poses gelées; ils soufflent dans leurs doigts et battent la semelle, tandis que les femmes filent leur quenouille et font tourner les fuseaux en se livrant à des jeux mimiques pleins de grâce; c'est l'Hiver.

Vous pensez bien que François, en voyant tout ce monde pirouetter, cabrioler et valser, ne peut plus y tenir, d'autant plus que Paquerette vient de reparaître si fraîche, si rose, si gaie dans sa brillante parure, qu'un saint ne résisterait pas à la tentation de danser avec elle. François oublie tout, et la menuiserie, et les créanciers, et les recors; il ôte son tablier et sa veste, se revêt de son habit le plus galant, prend la main de Paquerette ravie d'avoir enfin décidé son partenaire, et le pas commence.

A la danse succède une course en sac. Les concurrents, enfermés jusqu'aux épaules dans un fourreau de toile, font pour avancer les efforts les plus grotesques. Job est tombé dix fois sur le nez quand François, aussi adroit que vigoureux, a déjà fourni la moitié de la carrière. Mais voici que le père Martin revient de la ville. François, honteux d'être pris ainsi en flagrant délit, tâche, en faisant des soubresauts, d'éviter la rencontre de son père qui le découvre et lui reproche sa paresse et son insouciance. Il n'a pas trouvé d'argent à la ville et il apporte une mauvaise nouvelle. — C'est aujourd'hui qu'on doit tirer à la milice dans le village. Martin précède le recruteur. A cette nouvelle la fête est suspendue, la consternation est peinte sur tous les visages, les mères soupirent, les pères prennent un air sombre et les jeunes filles serrent tristement la main de leurs fiancés; chacun se sent menacé dans son amour ou son avenir.

Martin n'avait dit que trop vrai; on entend une fanfare de clairon, et bientôt le recruteur Bridoux entre avec sa troupe, suivi du bailli et de ses acolytes, qui portent la roue où sont contenus les numéros. — La roue est installée sur une table au milieu de la stupeur et de l'effroi de la foule immobile et on procède à l'appel nominal.

Job et François sont du nombre de ceux qui doivent tirer, et certes ni l'un ni l'autre n'a l'ambition de devenir un héros à cinq sols par jour. Ils aimeraient mieux autre chose, épouser Paquerette et rester au village, par exemple, sort moins brillant mais plus doux.

En prévision d'un mauvais numéro, Job arrive clopin clopant, traînant le pied avec la grâce d'un faucheux à qui un moissonneur a coupé trois pattes ; mais le maréchal des logis Bridoux, qui n'est pas crédule en fait d'infirmités, examine la jambe de Job, la tâte en tous sens, et ne lui trouve d'autre défauts que de ressembler à une jambe de coq. Job continue à se prétendre infiniment perclus et plus écloppé que le messager boiteux de Bâle en Suisse. Bridoux, qui redoute une ruse, tire son sabre et en menace Job, qui, naturellement poltron et ayant peur des coups plus que de toute autre chose, se sauve avec des pieds de cerf, d'autruche et de gazelle, aussi vite que pourrait le faire Almanzor, le coureur dératé de M. le marquis.

Vient le tour de François ; on l'appelle, et comme il n'y a pires sourds que ceux qui ne veulent pas entendre, il reste immobile comme un bloc. Bridoux, qui est un vrai saint Thomas militaire, fait avancer un trompette qui fait éclater brusquement dans l'oreille du jeune homme une fanfare plus aigre, plus fausse, plus perçante que les clairons du Jugement dernier qui réveilleront les morts, et que les trombonnes bibliques qui ont renversé les murailles de Jéricho. François reste impassible : un coup de pistolet tiré inopinément derrière lui n'obtient pas plus de succès ; pas un de ses nerfs ne tressaille. Tout autre qu'un recruteur serait convaincu de la surdité de François : malheureusement Bridoux a plus d'une ruse dans son sac, et il en tire une des plus scélérates et des plus ingénieuses. — Toujours derrière le dos du jeune homme, il prend la taille de Paquerette, et, malgré sa résistance, lui dérobe un baiser... sonore ! L'amoureux, qui était resté sourd aux appels du clairon et aux détonations d'armes à feu, entend ce petit bruit de lèvres et se retourne avec une vivacité jalouse : il a trahi son secret ! Il n'est pas plus attaqué de surdité que la princesse Fine-Oreille, qui entend l'herbe pousser dans les prairies. Bridoux se pavane et se rengorge, tout fier du succès de son stratagème, aussi artificieux qu'agréable. François est consterné, et Paquerette se désole d'être la cause innocente du malheur de son amant.

On procède au tirage des numéros. Job, moins chanceux encore que le conscrit de Corbeil qui avait eu le numéro 2, après avoir longtemps tourné les billets, amène le numéro 1. — Ce résultat lui cause une désolation comique, qui se traduit par toutes sortes de contorsions et de grimaces.

Vient le tour de François : il amène le numéro le plus élevé ; il ne partira pas! quel bonheur! Dans sa joie, il embrasse son père, et surtout Paquerette, à plusieurs reprises ; et Paquerette le laisse faire : ce n'est pas le moment de marchander un baiser.

Cependant Job se lamente d'un air aussi piteux que son homonyme ; et le père Durfort, touché de la douleur de son unique rejeton, s'approche de lui et lui dit : « Ne te désole pas de la sorte ; tu ne partiras pas. J'ai des écus ; je t'achèterai un homme. — Voyons, qui de vous veut remplacer mon fils? dit-il, en s'adressant aux garçons qui ont eu de bons numéros. C'est un sort si agréable, que de servir le roi, quand on a du cœur et le gousset garni! »

Les offres de Durfort ne tentent ni Pierre, ni Jacques, ni Jérôme ; ils aiment mieux rester à cultiver leur petit champ entre leurs parents et leurs fiancées, que d'aller porter le mousquet pour quelques écus qui seraient bien vite dépensés.

Il vient à François, qui refuse également. Furieux de se voir rebuté, même par son débiteur, Durfort redemande son dû, en faisant observer que le délai est bientôt passé, et qu'il va instrumenter selon toute la rigueur de la loi. Le père Martin a beau supplier, demander du temps, Durfort ne veut rien accorder, et fait signe aux huissiers et aux recors de commencer leur besogne.

Alors François, qui a pris une grande résolution et veut sauver son père de la misère et de la prison, s'approche de Durfort et lui dit : « Terminons cette affaire ; faites retirer ces hommes... Je partirai à la place de votre fils... » Tous deux sortent ; et Bridoux qui, pendant ce temps, a fait mettre en rang les miliciens, au nombre desquels se trouve Job, donne le signal du départ ; les clairons sonnent, et la petite troupe va se mettre en marche, lorsque François rentre tenant en main un sac d'argent qu'il donne à son père, que les recors relâchent aussitôt, et dit : « Je pars à la place de Job! »

Cette nouvelle fait éclater la satisfaction la plus vive sur la grotesque face du fils de l'usurier, et la plus profonde douleur sur le charmant visage de Paquerette. Le père Martin a toutes les peines du monde à contenir son attendrissement, heureux et fâché de ce sacrifice cruel, mais nécessaire.

« Tu me seras fidèle! dit François à Paquerette, qui cache sa tête et ses pleurs sur le sein de son amant. — Je te le jure! — Et toi, tu ne m'oublieras pas? — Ta pensée me suivra partout, au bivouac et au champ de bataille... Prends cette petite croix d'or attachée au collier gagné par ton adresse, et porte-la en souvenir de moi, » dit Paquerette en sanglotant. François couvre de baisers ce gage de tendresse naïve, le serre dans sa poitrine, et va prendre place dans le rang; la troupe part, commandée par Bridoux, tout heureux d'avoir sous ses ordres un beau et robuste garçon comme François, à la place de cet échalas de Job, incapable de faire la guerre même aux poules.

Tout guilleret et tout léger, Job s'approche de Paquerette et lui offre un sucre d'orge pour adoucir l'amertume de cette séparation : Paquerette ne fait pas la moindre attention aux galanteries de cet imbécile, qui pourtant se flatte de faire oublier François et de l'épouser. — Il n'y a que les sots qui aient si bonne opinion d'eux-mêmes, et souvent ils sont crus sur parole, lorsqu'ils sont riches. Mais il n'y a pas de danger; Paquerette n'est pas pour le nez de Job, fût-il dix fois plus bête et cent fois plus cossu.

ACTE II.

Du village du Nord aux jolies maisons flamandes, l'action s'est transportée dans une ville du midi de la France. La place où se déroulait la joyeuse kermesse est changée en intérieur de caserne. François est déjà bien loin de Paquerette. Un gai tableau militaire a succédé à la danse des Saisons : des soldats enfourchés cavalièrement sur un banc jouent aux cartes, et comme la bourse du troupier est médiocrement garnie, le perdant arbore sur son nez, au milieu des éclats de rire, une *drogue*, c'est-à-dire une espèce de caveçon de bois surmonté d'un petit drapeau qui lui pince les narines et lui fait faire d'amusantes grimaces. D'autres, qui ont pris des timbales pour table, agitent le cornet et font rouler les dés sur la peau d'âne : quelques-uns, sous la conduite d'un prévôt de salle, tirent le sabre, et comme ils sont encore un peu novices, se livrent à des développés ridicules et empochent tous les coups qu'il plaît au maître de leur porter. Les anciens fument tranquillement ou boivent en disant des galanteries ou en prenant la taille aux cantinières qui circulent parmi les groupes, tenant leur petit baril sous le bras.

François, qui veut, comme tout nouveau venu, exagérer l'aisance militaire, essaye d'embrasser l'une des cantinières, la belle Catherine, qui le repousse en lui disant : Votre cœur n'est pas d'accord avec vos lèvres ; pourquoi me donner le baiser qui revient à une autre ? Vous êtes amoureux, mon beau galant, je le sais, mais ce n'est pas de moi.

— C'est vrai, répond François en tirant de sa poitrine la croix que lui a donnée Pâquerette, et en la portant à ses lèvres : c'était une distraction, mais vous êtes si jolie qu'on pourrait s'y tromper, et il laisse aller Catherine.

Les camarades de François se moquent de cet élan sentimental, car le soldat français, surtout lorsqu'il a l'honneur d'appartenir au Royal-Cravate, est plus vainqueur que troubadour, et notre jeune homme voulant leur prouver que s'il est amoureux il n'en est pas moins joyeux pour cela, se mêle délibérément à leurs jeux.

Le maréchal des logis Bridoux, dont l'opinion est que le militaire doit être aussi agréable que terrible et joindre à l'escrime les arts d'agrément, donne une leçon de danse aux jeunes engagés, afin qu'ils soutiennent l'honneur du drapeau devant l'orchestre des guinguettes et ne prêtent point à rire aux jeunes filles par leur gaucherie chorégraphique, et il exécute la monaco avec Catherine, vis-à-vis de laquelle il prend des airs avantageux et triomphants qui donneraient à supposer qu'ils sont au mieux.

Malgré l'excellente opinion qu'il a de lui-même, Bridoux n'a pas la grâce de Marcel, et les poses qu'il prend tout en fredonnant « A la monaco l'on chasse et l'on déchasse, » ne sont peut-être pas aussi charmantes qu'il le suppose, et quoique, selon lui, un maréchal des logis soit un composé de toutes les perfections et de tous les talents, d'humbles conscrits et de simples soldats pourraient le surpasser s'ils ne craignaient d'expier leur supériorité à la salle de police.

Cette crainte n'arrête pas François, qui imite d'une manière comique les pas du sergent et fait rire tous ses camarades. Le maréchal des logis, mortifié du peu d'effet qu'il produit, et qui voudrait bien pouvoir regarder cette hilarité comme une infraction au respect de la hiérarchie militaire, envoie tous les soldats à la gamelle et sort en les poussant et en les querellant.

Catherine, restée seule, s'égaye des prétentions ridicules du sergent, prétentions dont elle sait mieux que personne l'inanité : sa solitude est bientôt troublée par l'arrivée d'un petit jeune homme tout gentil, tout mignon et tout poupin, qui l'aborde avec une aisance forcée et lui demande où il faut s'adresser pour s'engager dans le régiment.

— Vous êtes bien petit, — lui dit Catherine en le toisant de l'œil.

— Je grandirai, — répond le nouveau venu d'un ton décidé.

— Vous êtes bien jeune, — continue la cantinière en lui voyant la lèvre sans duvet et le menton imberbe.

— Je vieillirai. La jeunesse est le seul défaut dont on se corrige avec l'âge ; croyez-moi, dans dix ans j'aurai vingt-six ans, et d'ailleurs est-ce qu'il y a besoin d'être vieux pour être brave?

Ces raisons convainquent Catherine, qu'intéressent la physionomie mutine et la tournure délibérée du petit jeune homme. Elle lui promet sa protection auprès de Bridoux, qui rentre au même moment. La présentation a lieu sur-le-champ. Tenez,—dit Catherine au sergent,—voici un jeune héros qui brûle de s'engager sous les drapeaux de Mars et qui veut faire son chemin à la guerre.

— Vous n'êtes pas dégoûté, dit Bridoux au postulant qu'il examine d'un œil de recruteur en répétant les observations de Catherine. — Trop petit, trop jeune. — Le Royal-Cravate n'admet que de grands hommes — des hommes superbes comme moi ; voyez, j'ai la tête de plus que vous.

Paquerette, que l'on a sans doute déjà devinée sous ce déguisement que lui a fait prendre le désir de rejoindre François, s'approche de Bridoux, se dresse sur les pointes et arrive de la sorte à dépasser l'épaule du sergent, tout surpris de cette crue subite.

— Tiens, dit-il, vous êtes plus grand que je ne le croyais. C'est étonnant comme vous avez poussé vite ; il faut que j'aie la berlue. Faites-moi l'amitié de passer un peu sous la toise. Paquerette répète le même manège ; en se tenant debout sur la pointe de ses orteils, elle a juste la taille voulue. Bridoux, de plus en plus étonné, vérifie la marque. Le petit jeune homme est assez grand.

— Eh bien, je ne l'aurais pas cru, moi qui ai pourtant la toise dans l'œil ; comme on se trompe! ajoute Bridoux par manière de réflexion. — Mais quelles petites mains et quel pied mignon! pour manier le sabre et chausser la botte! et quelle peau blanche et douce! Heureusement avec l'exercice, les marches forcées et le hâle tout cela peut se corriger. Quant aux moustaches, il y a du retard ; le rasoir et la graisse d'ours les feront venir. — Allons, marchez devant moi : droite, gauche, au pas simple, au pas accéléré ; cela ne va pas trop mal, on pourra tirer parti de vous ; mais avant de vous recevoir dans l'honorable corps du Royal-Cravate, il faut que je voie si vous n'avez aucun vice de construction ; déshabillez-vous.

Cet ordre embarrasse terriblement Paquerette. Pour donner le change au maréchal des logis et le distraire de cette idée qui trahirait son secret et sa pudeur, la jeune fille s'empare d'une carabine et se met à faire l'exercice avec précipitation ; comme l'arme est un peu lourde pour ses mains délicates, elle en laisse tomber la crosse précisément sur le pied du sergent, qui sacre et qui maugrée et revient à sa première idée.

— C'est trop barguigner, vite, déshabillez-vous : Paquerette éperdue refuse.
— Bon, je comprends, dit Bridoux en clignant de l'œil ; on est jeune, on est timide ; c'est madame qui vous gêne, elle va se retirer. Catherine en effet s'en va pour ne pas contrarier l'examen. — Maintenant nous voilà entre hommes ; à bas la veste.

La pauvre Paquerette fait un geste de dénégation.

— Vous êtes donc bossu ? s'écrie le sergent impatienté ; à bas ceci, dit-il en désignant une pièce du vêtement encore plus indispensable que Paquerette ne veut pas quitter ; voyant qu'elle refuse, il dit : Vous êtes donc bancal ?

Et pour s'assurer de la vérité, il promène sa main sur la taille de la jeune fille, lui tâte la jambe et lui pince le mollet avec ses gros doigts de recruteur.

— Vous me chatouillez, fait Paquerette en s'échappant ?

Ah ! vous êtes chatouilleux ? eh bien, soit ; ôtez vos habits, je ne vous toucherai pas ; mais, pour Dieu, dépêchez-vous et finissez ces façons, car je suis diantrement pressé ; aussi bien tout ceci m'a l'air un peu singulier, et vous me faites l'effet d'un drôle de pistolet.

En s'enfuyant, Paquerette a oublié d'affecter les allures viriles et s'est trahie par un mouvement tout féminin qui n'a point échappé à l'œil soupçonneux de Bridoux, frappé de certaines formes et de certaines ressemblances.

Pardieu ! je vous reconnais, vous n'êtes point un homme, mais une jeune fille, à preuve que je vous ai embrassée. Vous êtes mademoiselle Paquerette, je m'en souviens bien. — C'était au village de ***. Tout s'explique maintenant, vous êtes amoureuse de moi et vous vouliez vous engager dans mon corps. — C'est flatteur, et en récompense de cette idée ingénieuse, il faut que je vous embrasse derechef.

Paquerette, atterrée, n'a pas le temps de se soustraire aux galantes entreprises de Bridoux. — Par malheur, François rentre à ce moment et voit dans les bras du sergent sa fiancée, qu'il n'a pas de peine à reconnaître, car si l'amour est aveugle, la jalousie est clairvoyante.

Comment ! vous ici ! s'écrie François, sous des habits d'homme, en tête-à-tête avec Bridoux ! Est-ce là, perfide, la fidélité que vous m'aviez promise, est-ce ainsi que vous tenez vos serments !

La jeune fille balbutie quelques explications que François ne veut pas entendre, elle s'approche de lui suppliante, mais il la repousse avec un geste de colère.

On ne brutalise pas ainsi les femmes, dit Bridoux d'un air protecteur ; cette petite est venue pour moi et je ne souffrirai pas qu'on la moleste.

François, outré de fureur et de jalousie, s'emporte contre *le maréchal des* logis, qu'il accable d'invectives et de menaces, l'appelant traître, menteur, misérable.

Vous oubliez que vous parlez à votre supérieur et que vous me devez du respect, dit le maréchal des logis d'un air majestueux. François, de plus en plus exaspéré, tire son sabre et veut en frapper Bridoux. Des soldats et un brigadier surviennent. Bridoux s'écrie : « Je vous prends à témoin de l'acte d'insubordination qui vient d'avoir lieu. Empoignez-moi ce drôle et me le fourrez au cachot en attendant que l'on avise à ce que l'on fera de lui. » — Les soldats s'emparent de François, le désarment et l'emmènent. — Paquerette fond en larmes.

Attirée par le bruit de cette scène, Catherine est rentrée, et, s'approchant de la jeune fille, elle lui dit : Malheureuse ! voilà le résultat de vos coquetteries ; ce garçon-là sera peut-être fusillé !

— Fusillé, grand Dieu ! cela n'est pas possible ! N'est-ce pas, monsieur le maréchal des logis ?

— Parfaitement possible et même désirable au point de vue de la discipline, répond Bridoux en se rengorgeant.

— Sauvez-le, monsieur le sergent, dit Paquerette en joignant les mains.

— Cela ne dépend pas de moi ; il a levé la main sur son supérieur. La discipline avant tout ! On est très-sévère dans le Royal-Cravate.

— Oh ! monsieur ! si vous empêchez François d'être fusillé, je vous aimerai bien, dit Paquerette, qui a compris avec son instinct de femme qu'il fallait employer toutes ses coquetteries et toutes ses séductions pour faire évader son amant.

— Vous m'aimerez bien, c'est très-gentil, reprit Bridoux, mais il me faut des preuves : un maréchal des logis est un homme sérieux qui ne se paye point de fariboles comme un militaire non gradé. Accordez-moi un rendez-vous, et nous... verrons ; soyez ici ce soir à sept heures.

Quoi qu'il en coûte à sa pudeur, Paquerette accorde le rendez-vous... la vie de François est en danger, ce n'est pas le moment de faire des façons : elle compte bien d'ailleurs s'esquiver au moment dangereux.

Un appel de trompette se fait entendre. Bridoux et les militaires sortent. Paquerette, aussi, va quitter la scène, lorsque Catherine la retient par la main d'un air irrité, et lui reproche de venir ainsi enlever les amants aux cantinières, sous prétexte d'engagement. Paquerette explique à la jalouse Catherine qu'elle n'a pas la moindre intention à l'endroit de Bridoux, qu'elle est amoureuse de François, avec qui elle est fiancée, et qu'elle a pris des habits d'homme pour s'engager dans le régiment et ne plus être séparée de lui. — Si elle a fait des agaceries au sergent, et si elle lui a donné un rendez-vous, c'est uniquement dans le but de lui dérober la clef de la prison où François est enfermé. Catherine peut être tranquille; Pâquerette lui laisse tout entier le cœur de Bridoux.

Cette explication calme la jalouse cantinière. Eh bien ! s'il en est ainsi, je vous aiderai dans vos projets. François est un brave garçon qui m'intéresse, il serait dommage qu'il lui arrivât malheur ; et en même temps je ne suis pas fâchée de jouer un bon tour à ce volage de Bridoux.

— Je serai ici à sept heures, dit Pâquerette en sortant pour aller changer de costume, car maintenant qu'elle est reconnue, les habits d'homme ne peuvent plus lui servir à rien ; cachez-vous dans quelque coin, et quand il le faudra je vous appellerai.

L'idée de donner une leçon à Bridoux réjouit la cantinière, qui rit en elle-même de la bonne scène qui va se passer. Mais voici qu'un personnage de votre connaissance se présente, long, ridicule, empêtré et effaré ; c'est Job. Il demande à la cantinière si une jeune fille, revêtue d'habits masculins, ne s'est pas introduite dans la caserne. — Oui, elle était là il n'y a qu'un instant. — Grands dieux ! serait-elle déjà repartie ? — Non, elle va revenir tout à l'heure. Mais qui êtes-vous pour vous intéresser ainsi à elle ? que lui voulez-vous ? — Je suis de son village et je l'aime. J'ai suivi sa trace jusqu'ici. — Eh bien, vous la verrez, répond la cantinière, elle sera ici à sept heures.

En ce moment, François montre sa tête aux barreaux de la prison pratiquée sur un des côtés de la scène ; Job l'aperçoit et se réjouit de l'incarcération de son rival ; il aura ainsi le champ libre pour ses déclarations galantes et ses entreprises amoureuses, et il sort en exprimant sa joie par des grimaces burlesques. A sept heures il sera là, et fera sa cour à Pâquerette à la barbe même de François, mis en cage comme une bête féroce. Cette sorte de hardiesse sourit beaucoup à Job, qui n'est pas brave, comme on sait.

Bridoux rentre et tâche d'écarter Catherine, qui fait une fausse sortie.

Sept heures sonnent. Pâquerette arrive vêtue en femme et portant un paquet qu'elle jette à François, par les barreaux, pendant que Bridoux a le dos tourné.

Ici commence un pas, mêlé de pantomime, où chacun des partenaires poursuit l'idée qui l'occupe. Bridoux veut embrasser Pâquerette. Pâquerette veut prendre la clef de la prison renfermée dans la poche de la veste de Bridoux.

Pour suivre la jeune fille dans ses évolutions rapides, le sergent, qui n'est pas un sylphe, ôte sa veste, qui le gêne, et la jette sur un banc dont Pâquerette se rapproche par une suite de pas furtifs et de poses coquettes. Dans un bond léger elle fait glisser la veste à terre, et en s'agenouillant pour la ramasser, elle tire de la poche la précieuse clef ; la clef des champs pour François.

Quand elle la tient, elle refuse de se laisser embrasser par Bridoux, qui, pour ménager la pudeur de la jeune fille, souffle l'unique lanterne qui éclaire la scène, persuadé que dans l'ombre toutes les vertus sont grises.

Paquerette avertit Catherine ; la cantinière sort de la cachette, se substitue à elle, reçoit le baiser qui était destiné à la jeune fille et revient ainsi à sa légitime adresse. — Bridoux n'en est pas moins ravi.

Pendant ce temps, Paquerette va à pas de loup ouvrir la porte de la prison à François, qui s'est travesti en paysan avec les habits que sa fiancée lui a jetés tout à l'heure. Au moment où il va sortir, passe une ronde de nuit ; Paquerette cache François, qui se blottit derrière sa robe étalée, et la lanterne de la ronde montre le cachot vide et Bridoux embrassant consciencieusement Catherine. A la faveur de l'étonnement général, François s'esquive ; le maréchal des logis donne les signes de la plus violente colère ; et lorsque Job paraît, plein de projets séducteurs, on se jette sur lui, on le happe, et on lui fait endosser l'uniforme de son remplaçant évadé. Paquerette se sauve en riant, et la toile tombe.

Les amants doivent se rejoindre dans une auberge éloignée, dont Paquerette a jeté rapidement le nom à François.

ACTE III.

Le théâtre représente une misérable auberge comme on en trouve sur les chemins écartés ; un rameau de pin desséché la distingue seule des autres masures. Des poutres du plafond, brunies par la fumée, pendent divers ustensiles de ménage ; quelques chaudrons luisent sur les planches ; des paysans et des paysannes attablés se livrent à leur grossière joie rustique ; le vin leur a monté à la tête et ils voudraient danser pour finir la soirée gaiement. Mais pour danser, il faut de la musique, il faut un ménétrier hissé sur un tonneau et battant du pied la mesure, râclant du violon ou pressant sous son bras le sac de cuir de la musette. Comme les femmes se dépitent, un son nasillard et discord se fait entendre dans le lointain ; le son s'approche, c'est une vielle qui grince, tournée par un vielleur ambulant. — Bon ! s'écrient les paysans, on ne saurait arriver plus à propos : et ouvrant la porte, ils appellent le musicien.

Ce musicien, vêtu à la mode du Tyrol, veste sur l'épaule, chapeau pointu et barbe épaisse, n'est autre que François, qui, ainsi déguisé, tâche de gagner la frontière.

Les jeunes filles, frappant des mains et sautant de joie, entourent le vielleur; elles voudraient tout de suite lui faire remplir son rôle d'orchestre tant les pieds leur frétillent. François demande un peu de répit, il est accablé de fatigue; il vient de faire une longue route, il a faim et soif et sommeil.

— Voici du pain et du vin, mangez et buvez, et dormez même un peu sur ce banc; après, vous ferez rage sur votre instrument et nous danserons à perdre haleine, répondent les paysans et les jeunes filles.

François les remercie et leur demande s'ils n'ont pas vu une belle jeune fille nommée Paquerette.

Nous ne l'avons pas vue, lui répondent les paysans. — C'est pourtant bien ici qu'elle m'avait donné rendez-vous, dit François, elle devait y arriver avant moi.

Les paysans se retirent groupe par groupe pour laisser au musicien le loisir de se reposer, et resté seul, François, malgré l'inquiétude que lui cause l'absence de Paquerette, s'étend sur le banc de bois, et, vaincu par la fatigue, tombe de la rêverie dans le sommeil.

A peine a-t-il les yeux fermés que son âme s'éveille dans son corps endormi, et que le monde du rêve commence à s'agiter autour de lui avec ses formes idéales.

Une vapeur grise se répand sur le théâtre; les objets réels disparaissent, et trois figures mystérieuses sortent du sol, sorcières, fées ou larves, espèces d'introductrices qui mènent l'âme dans le pays des chimères, huissières à verge du monde fantastique. Elles s'avancent avec des gestes morts et des mouvements immobiles vers le jeune dormeur dont elles délient la personnalité et qu'elles dédoublent du fantôme intérieur.

L'esprit de François cède à l'évocation, et quoique le corps reste couché sur le banc, une forme pareille à lui s'avance vers les sorcières.

— Que me voulez-vous? dit le François fantastique aux étranges figures.

— Tu attends Paquerette, ta fiancée; elle ne viendra pas, mais si tu veux la voir nous allons te conduire près d'elle : suis-nous.

François obéit; mais à peine a-t-il fait quelques pas que la terre s'entr'ouvre sous ses pas et qu'il disparaît.

Les nuages, qui pendant cette scène ont amoncelé sur le théâtre leurs flocons opaques, se replient, se dissipent et s'envolent : les murailles enfumées de l'auberge ont disparu, et le regard tout à l'heure borné par de misérables obstacles plonge dans un océan d'or et d'azur, dans un infini lumineux. — Un paysage magique aux eaux de diamant, aux verdures d'émeraude, aux montagnes de saphir, étale ses perspectives bleues comme un Eden de Brenghel de Paradis. Des femmes vêtues de robes de gaze blanche, où frissonnent des lueurs d'argent, comme des gouttes de rosée sur des ailes de libellules, sortent des touffes de roseaux et d'iris, ceinture verdoyante, féerique, et se groupent autour de Paquerette, qui représente ici l'idéal, la nymphe des premières amours aussi rayonnante pour le paysan que pour le poëte.

Aussitôt que le jeune homme aperçoit sa fiancée, il tend les bras vers elle et s'élance pour la rejoindre, mais tous ses efforts, pour approcher de la blanche vision, sont impuissants; la charmante apparition se dérobe toujours par quelque moyen magique; tantôt vive comme un oiseau, elle monte avec des ailes de sylphide au sommet des plus grands arbres, tantôt elle prend les brodequins verts de l'ondine pour courir sans les courber sur la pointe des roseaux, et suivre la volute argentée de la vague sur la rive. François tâche de l'atteindre, et toujours il arrive trop tard : quand Paquerette est à droite, François est à gauche; c'est un chassé-croisé plein de fuites et de détours charmants; enfin, pour suprême effort. Il gravit un rocher dont la pointe s'allonge démesurément; il va saisir la fugitive, mais le pied lui manque; il perd l'équilibre et tombe au milieu du lac. — Cette chute dans le rêve a son contre-coup dans la réalité, le dormeur se réveille. — J'ai rêvé, dit-il en se frottant les yeux et en se dressant de son banc.

Les paysans rentrent, pensant que le vielleur doit être assez reposé. — Maintenant que vous avez dormi, vous allez nous faire danser; disent les jeunes filles impatientes, en lui présentant sa vielle.

Comme François se dispose à les satisfaire, on entend au loin un son de trompette.

A ce son bien connu, François effrayé dresse l'oreille et rejette son instrument sur son dos. — Cette trompette annonce des soldats, il faut que je parte.

— Pourquoi les craignez-vous ? disent les paysans.

— Je ne les crains pas, mais je suis obligé de continuer ma route, répond François.

— Nous ne vous laisserons pas partir ainsi, s'écrient les jeunes filles en entourant François; il faut d'abord que nous dansions.

Pendant ces débats, le maréchal des logis Bridoux et les cavaliers qu'il commande entrent dans l'auberge.

Le malheureux et ridicule Job Durfort, venu si maladroitement à la caserne, au moment de l'évasion de son remplaçant, fait partie de l'escouade; il a l'air tout empêtré et tout gauche dans son harnais militaire, et il emmêle à chaque pas ses grandes jambes avec son sabre ; sa mine pâle, abattue, fatiguée, montre qu'il n'est pas né pour être un fils de Mars, et montre de douloureux souvenirs de la maison paternelle.

— Nous cherchons un soldat du régiment, qui a pris la fuite, dit Bridoux en s'adressant à l'aubergiste, à qui il donne le signalement du déserteur. — L'avez-vous vu ?

— Non, répond l'hôtellier au maréchal des logis.

Pendant cette scène, François s'est assis à l'écart et tâche d'échapper aux regards de ses anciens compagnons d'armes.

Paquerette, parvenue enfin à l'endroit du rendez-vous, entre dans l'auberge assez mal à propos, car, ainsi que le fait judicieusement remarquer Bridoux : « Quand on voit la maîtresse, l'amant ne doit pas être loin. » Attendons ici, l'alouette viendra d'elle-même se prendre au miroir ; puis, apercevant le joueur de vielle dans son coin, il l'amène au milieu de la scène en le toisant curieusement et lui ordonne de charmer les oreilles de l'assistance par les sons mélodieux de sa musique.

François, qui a eu soin de se faire reconnaître de Paquerette par quelque signe pour qu'elle ne soit pas la dupe de la fausse nouvelle qu'il va débiter, dit à Bridoux. — Vous cherchez un soldat qui s'est échappé.

— Oui — tu l'as vu ? demande avidement le militaire.

— Je l'ai vu, il est mort, répond François.

— Mort ! s'écrie Bridoux d'un air incrédule.

— Oui, et il m'a donné cette croix d'or en me chargeant de la remettre à sa fiancée, puis il s'est noyé sans qu'il me fût possible de lui porter secours, car je ne sais pas nager.

Cette nouvelle désole Job, qui se voit définitivement constitué soldat par le trépas de son remplaçant ; mais elle ne désole pas assez Paquerette, dont la feinte douleur n'a pas cette expression naïve qui persuade.

Bridoux, aussi fort sur le cœur humain que sur la théorie, remarque que la mimique de Paquerette n'est pas aussi désespérée qu'il conviendrait ; et un signe d'intelligence, qu'il surprend entre la jeune fille et le vielleur, ne lui laisse plus de doute.

Il se rapproche lentement de François, qu'il examine avec attention, et marchant droit à lui, il fait tomber son chapeau et lui arrache sa fausse barbe. François est découvert.

« Je te tiens, mon gaillard, s'écrie Bridoux ; tu m'as assez fait trimer. A moi, soldats. »

Les militaires se rangent autour de leur chef. François, se voyant pris, tire de sa poche une tabatière et en lance le contenu aux yeux de ceux qui veulent l'arrêter. Pendant qu'aveuglés par l'âcre poussière, ils se frottent les paupières, et marchent en se heurtant les uns les autres d'une façon comique, François, suivi de Paquerette, a disparu et gagné la forêt voisine, où les cavaliers ne pourront le suivre.

Dernier Tableau.

Une division de l'armée française occupe Ujhaz, en Hongrie, pendant la guerre du Palatinat. C'est dans cette ville que François s'est réfugié; il y a acquis une petite fortune en exerçant, avec succès, sa profession de menuisier. — Paquerette, qu'il a épousée, est bouquetière.

Quelques seigneurs ont formé le projet d'assassiner les officiers français à la faveur d'une fête que leur donnent les notables d'Ujhaz. — Paquerette découvre cette conspiration; elle la révèle au général chargé du commandement supérieur, et obtient pour récompense la grâce de son mari, qu'un conseil de guerre a condamné à la peine de mort.

- FIN.

Paris. — Imprimerie de Mme Ve Dondey-Dupré, rue Saint-Louis, 46, au Marais.

www.ingramcontent.com/pod-product-compliance
Lightning Source LLC
Chambersburg PA
CBHW060451050426
42451CB00014B/3257